AF268110

27.
Ln. 1303 5.

LE

R. P. HYACINTHE

CARME

A PÉRIGUEUX

PAR

M. J. Émile de VERDENEY.

PÉRIGUEUX

IMPRIMERIE AUG. BOUCHARIE, RUE AUBERGERIE, 17.

LE R. P. HYACINTHE,

CARME,

A PÉRIGUEUX.

Voilà bientôt plus d'un mois que la ville de Périgueux a le privilége d'entendre une des voix les plus éloquentes de la chaire chrétienne. Cette faveur, nous la devons à l'illustre et toujours regretté pontife que nous avons accompagné, il y a un an, à sa dernière demeure de la terre, et nous remercions vivement notre nouvel évêque, habile à cacher ses talents et ses grandes vertus sous le voile d'une simplicité toute paternelle, d'avoir bien voulu maintenir les engagements déjà pris.

Aussi les premières paroles qui tombèrent du cœur visiblement ému du jeune et déjà célèbre enfant du Carmel furent consacrées à la mémoire de celui qui avait été tout à la fois et son maître et son ami.

Le P. Hyacinthe est d'une taille moyenne; il possède une robuste constitution, au service d'une âme fortement trempée, *mens sana in corpore sano*. On est frappé, en le regardant, de rencontrer sur sa figure expressive un heureux mélange de distinction virile, tempérée par le reflet d'une douceur aimable et souriante, que ne dépare point un regard mystique et fatigué par l'étude.

Lacordaire vient de faire, ce semble, une apparition au milieu des ruines de notre antique Saint-Front. L'illustre dominicain n'a pas entraîné avec lui dans la tombe l'éloquence chrétienne, et le P. Hyacinthe adoucit les regrets que je faisais de n'avoir pas entendu l'auteur de *Marie Madeleine*. Dans son vol hardi, on le voit s'élever aux plus hautes cîmes de la théologie et de la philosophie ; de là, ouvrant les ailes de son génie puissant, il laisse tomber sur ses auditeurs ravis les brillants éclats de sa parole frémissante. Si, dans sa course victorieuse à travers le monde des grandes idées, il rencontre quelque imprudent qui contrarie sa marche, il le foudroie de son regard et lui laisse à peine le droit de se glorifier d'avoir été combattu.

La vérité est bien belle par elle-même, mais le génie du mal est si habile à revêtir l'erreur d'enveloppes brillantes et trompeuses, qu'aujourd'hui nous aimons à voir la vérité parée comme une reine, et que souvent nous la repoussons, vu sa parure ridicule ou grossière. Le P. Hyacinthe a reçu de Dieu un talent tout particulier pour tisser le manteau de cette reine : c'est sa dame, c'est sa fiancée ; il se plaît à orner sa couronne de diamants et de rubis ; il concentre sur elle tous les rayons des soleils les plus éblouissants ; il l'enveloppe d'aromes, de parfums et d'harmonies séduisants.

La vérité est essentiellement une, mais elle a ses incarnations mystérieuses qui lui permettent d'être multiple dans son unité, et c'est un beau spectacle de voir le P. Hyacinthe, en peintre habile et exercé, choisir sur la riche palette de son imagination et de son cœur les couleurs nuancées que réclament les diverses transformations de la vérité.

Être philosophe chrétien, penseur profond, peintre et poète, voilà certes de précieuses qualités qu'on trouve rarement dans une même nature pour célébrer la gloire de la vérité ; et à notre époque d'illustrations inachevées, combien seraient fiers de revendiquer à bon droit un de ces talents ! Eh-bien, cependant, si le P. Hyacinthe n'avait que la pensée et la peinture au service de son éloquence, il ne serait pas complet ; mais la Providence s'est montrée plus que généreuse à son égard, elle l'a traité en favori, en privilégié, en lui donnant, à un degré supérieur, ce qu'on appelle les passions oratoires, le feu sacré qui bouillonne au cœur, échauffe l'intelligence et l'imagination de celui qui parle, et se répand en étincelles électriques sur ceux qui écoutent.

Voyez-le dans la chaire... c'est sa place, c'est son trône... il va commander le silence à la foule nombreuse qui s'agite à ses pieds. Son âme, intelligente et sympathique, veut passer dans l'âme de ses auditeurs. Admirez les efforts sublimes de ses désirs, entendez les vibrations de cette voix puissante... Vous voyez son âme qui s'échappe et veut s'envoler jusqu'à nous! Il ouvre son manteau blanc, et son cœur apparaît dans les ardeurs de son amour pour la vérité! Quelle belle tête, calme, immobile d'abord, et bientôt volcan, qui s'agite et lance de toute part la foudre et les éclairs! Parfois, trop resserrée dans l'enveloppe qui la couvre, son âme dilate, gonfle sa poitrine et court agitée, cherchant une issue aux extrémités du corps, tout frissonnant de délire! Quelle pose de maître quand on le voit se draper noblement dans sa bure grossière!

Après un mouvement oratoire, et il en compte plusieurs dans chaque discours, on aime à le voir, comme un vainqueur, contempler silencieux ceux qu'il vient de terrasser. Son geste, sans étude et sans apprêt, suit toujours la grâce ou la majesté de ses pensées, et sa voix, instrument docile sous la direction de son cœur et de sa haute intelligence, a tour à tour les accents du tonnerre, la mélodie des oiseaux dans les bois et les notes languissantes du malheur. Quand on le voit dans l'agitation fébrile de l'inspiration, dans l'ivresse délirante de la parole, on dirait un prophète, et chacun de répéter : Voilà notre maître à tous !

Le P. Hyacinthe n'a que trente-sept ans, il est natif de Pau. Élève de Saint-Sulpice, il devint membre de cette illustre compagnie, une des gloires de l'Eglise de France. L'abbé Loyson, aujourd'hui P. Hyacinthe, fit bientôt connaissance, au grand séminaire, avec M. Baudry, et désormais le considéra comme son maître. Il le prit pour directeur, en lui vouant une affection toute filiale. Il est donc un des héritiers directs des vastes pensées, des hautes conceptions du savant et pieux évêque qui n'a fait que passer parmi nous, et dont la vie sera cependant une des glorieuses pages de l'épiscopat français.

Après avoir passé quelques mois dans les humbles fonctions de vicaire à la paroisse de Saint-Sulpice, l'abbé Loyson fut nommé professeur à Nantes, où il ne resta que deux ans. M. Baudry, qui l'avait distingué parmi ses élèves, l'appela près de lui comme professeur à Saint-Sulpice, et l'abbé Loyson entra dans cette célèbre congrégation, où il ne resta que quelques années. La vie sédentaire ne cadrait pas avec les nobles agitations qui ébranlaient tout son être, il lui fallait le grand air; il se sentait de puissants élans vers la parole et un besoin de s'immoler à de grandes causes; aussi un jour, pour répondre à ces aspirations généreuses de son cœur, prêt pour les grands sacrifices, il se retira chez les carmes déchaussés, où il a fait un noviciat de deux ans dans les rigueurs de l'abstinence, des veilles, des jeûnes austères et des brisements de l'amour-propre et de la volonté.

La prédication réclamait le jeune religieux, désormais P. Hyacinthe de l'Immaculée-Conception. Avant de venir à Périgueux, il a prêché un carême à Lyon; l'année dernière, il occupait avec autant de talent que de succès la chaire plusieurs fois illustrée de la métropole de l'Aquitaine, et il consacrera le prochain carême à l'église de Nantes, où l'appellent des souvenirs. Mais avant de faire cette station, l'église de la Madeleine de Paris, par l'organe de son respectable et éminent curé, M. Deguerry, aura l'honneur et le précieux avantage d'entendre le P. Hyacinthe tous les dimanches pendant le mois de mai.

Nous nous plaisons à croire que ce seront des arrhes prises sur la chaire de Notre-Dame.

En venant à Périgueux, le P. Hyacinthe a répondu à l'invitation que lui avait faite Mgr Baudry, et c'est un motif de plus de regretter celui qui nous a ménagé cette bonne fortune.

Personne n'oubliera, j'en suis sûr, que les premiers accents de sa voix, sous les coupoles de Saint-Front, furent un hommage de vénération et d'affection respectueuse rendu à la mémoire du pontife, son maître et son père. Comme sa voix était tendrement émue et gagnait déjà les cœurs de ceux qui allaient l'écouter !

Le saisissement douloureux auquel son cœur était en proie ne fit point oublier à l'orateur qu'il parlait devant Mgr Dabert, et, après quelques paroles d'une délicatesse charmante à Sa Grandeur, il commença la série de ces admirables discours, dont le clergé et la société périgourdine garderont un long et profond souvenir.

Les trois premiers sermons ont été consacrés à la grande question du diable ou Satan. Le sujet ne pouvait être plus intéressant, à l'heure où tant d'esprits dévoyés font la guerre au surnaturel au nom des phénomènes les plus inexplicables, en dehors d'agents supérieurs et immatériels.

Pour arriver à la preuve de l'existence des démons, le célèbre orateur fit appel au témoignage de la raison, qui n'y contredit pas, de l'expérience dans les trois faits remarquables qui lui sont apparu comme une triple incarnation de Satan : la folie, le crime et la tentation ; et enfin, au témoignage de la révélation, qui nous montre le démon à la première page de la Genèse et nous le fait retrouver dans l'Apocalypse, après avoir signalé sa présence dans toute la Bible.

L'existence du démon une fois prouvée, l'orateur sacré nous l'a montré homicide, dès le commencement, dans ses luttes sanguinaires, haineuses contre Jésus-Christ homme parfait; contre l'Eglise, par le sang et la boue, et enfin contre l'homme, considéré dans la famille et dans la société. Quels beaux passages sur la propriété et sur la liberté, couronnés par le tableau saisissant de la fête de la déesse Raison !

Le P. Hyacinthe est difficile, comme il le disait un soir lui-même ; il veut savoir le pourquoi des choses. Aussi, s'adressant à Satan, il lui demande de lui raconter comment il est tombé, et à Dieu pourquoi il a foudroyé Satan. Il suffit d'énoncer cette division pour se rappeler, du moins ceux qui l'ont entendu, comment l'habile et ambitieux complot de Satan nous fut exposé, et avec quel rare bonheur le combat des anges fidèles contre Satan et les anges rebelles nous fut raconté ! Quelle chaleur, quel feu dans la parole ! Quelles sombres peintures illuminées par les éclairs de mille tonnerres grondants !

Et quand l'orateur a eu précipité Satan dans le puits de l'abîme, il a demandé à Dieu pourquoi ce supplice de Satan et des siens ? Et la voix du prophète lui a répondu : la justice ! Je chanterai, ô mon Dieu ! ta justice et ta miséricorde ! Et rappelant un trait de l'histoire sainte, le père nous a représenté les élus dans le ciel chantant la miséricorde de Dieu, et les réprouvés chantant l'hymne de sa justice au fond de l'abîme ; et ces deux chœurs, dit-il, se répondront éternellement à travers les siècles des siècles.

Quelles pensées profondes et gracieuses à la fois sur les origines et la dignité de la femme ! Le ravissant tableau de l'Eden, le sommeil d'Adam, la construction mystérieuse de la femme, tout commandait l'admiration et réclamait une attention bien facile à donner. Passant à la législation du mariage, l'orateur établit les plus heureuses analogies entre le mariage chrétien et l'union mystique de l'Eglise avec Jésus-Christ.

Le discours sur les ordres religieux fut

consacré à nous dire la forme intérieure
de l'état religieux et ses relations avec la société. Le P. Hyacinthe nous montra que
l'homme avait en lui-même certaines aspirations que la vie religieuse seule pouvait
satisfaire, en donnant à l'homme la solitude
pour son intelligence et la communauté pour
son cœur. Examinant ensuite les rapports de
la vie religieuse avec la société, il disait : Le
religieux revient vers ceux qu'il a quittés
par la prière, par l'exemple et par l'apostolat. Mais, persuadé que le clergé séculier
forme l'essence même de l'Eglise, il a dit
que les ordres religieux n'étaient qu'un glorieux accident dans l'Eglise, et qu'ils devaient être les auxiliaires du clergé des pa-
roisses.

Quand un sujet est hérissé de difficultés,
il y a quelquefois de la hardiesse et de la té-
mérité à vouloir le traiter. Eh bien! le P.
Hyacinthe domine toute crainte, et jamais,
dit-il, un danger ne l'empêchera d'accom-
plir un devoir. Je le vois encore abordant
l'importante et épineuse question de la paternité. Pas un mot, pas une expression qui
ait pu chatouiller les oreilles les plus pudi-
ques pendant une heure de temps et sur des
matières les plus délicates. Quelle vigueur,
quelle énergie dans les coups de fouet don-
nés au libertinage et au vice! Quelle élo-

quence virile quand il demanda un sang pur et une âme pure à l'homme qui aspirait aux gloires de la paternité ! Ce discours fut un tour de force dans l'art oratoire, et de plus un triomphe. Mais il s'adressait surtout aux jeunes gens et aux hommes mariés.

On n'oubliera pas de longtemps la fondation de l'Eglise sur le néant de l'homme et sur le néant de Dieu. Après avoir constaté l'absence du nombre et de la race dans les fondateurs de l'Eglise présents au cénacle, l'orateur sacré demanda s'ils avaient à leur service l'épée, l'or, la science, moyens si puissants dans les entreprises de la terre. A l'endroit de l'épée, le Père fut d'un sublime patriotique qui fit tressaillir tout son auditoire. Instrument de guerre, dit-il, elle est aussi un instrument de paix, surtout lorsqu'aux mains de la France elle fait briller au soleil de l'Europe l'éclat immaculé de sa lame. Cent vingt hommes juifs, sans épée, sans science et sans or, voilà l'argile populaire, la fange et la boue méprisable avec laquelle l'Eglise a été façonnée. La folie de la croix, la faiblesse de la parole et l'infirmité du sang, montrées comme principes des grandeurs de l'Eglise, proclamèrent victorieusement sa divine origine.

En parlant une seconde fois de l'Eglise, le P. Hyacinthe se tourna de nouveau vers la grande figure de Mgr Baudry, qui l'aimait tant et savait si bien la faire aimer. Et son admiration pour cette haute intelligence d'évêque s'unissant à l'affection de son cœur, le dernier mandement, dit-il, de votre pontife défunt sur l'Eglise est avec raison regardé comme le chant du cygne !

Et développant les trois grands obstacles qui s'opposent à l'unité des hommes, l'espace, le temps et la mort, il montra comment l'Eglise brisait tous ces obstacles pour établir l'unité universelle entre les hommes. Quelles belles descriptions sur la terre élevant de toutes parts des barrières entre les peuples! Quel tableau saisissant des siècles toujours en lutte et en guerre, et celui de la mort, séparant, divisant l'humanité en trois lambeaux sanglants, sur la terre, au ciel et dans le lieu de l'expiation !

Nous n'essaierons pas de dire les grandes pensées qui ont présidé au sermon sur la richesse, considérée dans son essence et dans sa législation. L'or, la science et la vertu sont, d'après le P. Hyacinthe, les trois éléments constitutifs de la richesse. Après avoir étudié l'or dans son côté moderne et matériel, il lui a reconnu un côté moral, comme renfermant une idée possédant trois lois. L'or, dit-il, c'est la propriété, c'est le travail, c'est le commerce. Et s'élevant à de hautes considérations où la philosophie et l'économie sociale se donnaient la main, l'éloquent orateur touchait au sublime en répandant ses bénédictions sur l'or de la propriété, du travail et du commerce. Il nous a dit ensuite comment la science et la vertu étaient les compléments nécessaires d'une honnête richesse.

Dieu, dit le Père, dans son passage sur la terre, Dieu venant parmi nous, nous offre la législation de la richesse. Dieu était riche, il s'est fait pauvre; il était grand, il s'est anéanti, il s'est fait petit; il était heureux, et il s'est condamné à la souffrance. La charité chrétienne doit appauvrir le riche, l'humilier et le faire souffrir. Quelle vision délicieuse et navrante à la fois nous eûmes de la charité chrétienne visitant la mansarde des nécessiteux !

Le lendemain de son remarquable discours sur la richesse, le R. P. Hyacinthe se rendit dans l'église de Saint-Martin, voisine de la gare, pour y prêcher aux ouvriers. Plusieurs membres du clergé et du barreau, le général et grand nombre de fonctionnaires haut placés assistaient à cette imposante réunion. Après avoir évoqué le nom de Mgr Baudry, fondateur de cette nouvelle paroisse, l'éminent orateur a de suite abordé les hautes questions qu'il se proposait de développer. L'ou-

vrier demande du travail, l'instruction et les
plaisirs, et l'Eglise, qu'on représente quelquefois comme l'ennemie des légitimes aspirations de l'ouvrier, vient au contraire les
bénir.

Quel châtiment flétrissant infligé aux pa-
resseux! Avec quelle prudence l'orateur a
parlé du travail comme droit, et surtout
comme devoir. L'article du salaire n'a pas
été oublié; mais où le P. Hyacinthe a pro-
voqué un frémissement d'enthousiasme dans
tous ses auditeurs, c'est lorsqu'il a fait la
glorification de l'ouvrier. Avant, dit-il,
faites un acte d'humilité, et vous ferez ensuite un acte de noble fierté. Donnant la
première place aux travaux de l'intelligence
et de la pensée, le Père s'est ensuite appe-
santi sur les grandeurs de l'ouvrier considéré dans la campagne, où il nourrit la
France par l'agriculture, et considéré dans
les villes, où il devient pour ainsi dire prêtre de la matière dans les arts et l'industrie.
Quel tableau, lorsque l'ouvrier nous est apparu comme un dompteur de coursier, saisissant la matière rebelle par sa crinière et
lui attachant aux naseaux deux fournaises
ardentes, et faisant rendre à son collier de
sinistres hennissements!

O mains noires et calleuses de l'ouvrier,
vous êtes pleines de houille et de fumée,

mais aussi pleines de gloire! Allez! l'Eglise vous bénit. Il faut à l'ouvrier du travail, un salaire et de l'honneur, l'instruction et des plaisirs. Après avoir parlé de la salle d'asile, de l'école et des bibliothèques populaires et chrétiennes, l'Eglise, dit le célèbre orateur, donne, encourage et bénit toujours l'instruction du peuple. Parmi les plaisirs, les délassements utiles au peuple et à l'ouvrier, l'éminent religieux a signalé le plaisir de la famille et le plaisir du dimanche. Les joies pures du foyer domestique ont énergiquement fait ressortir les bruyantes orgies du cabaret, et le repos du dimanche, avec l'Eglise, pleine d'encens et d'harmonie, ornée de tous ses chefs-d'œuvre d'architecture et de peinture, ont montré à l'ouvrier que la religion catholique s'occupait de tous les véritables intérêts du peuple, en demandant pour lui le travail, l'instruction et des plaisirs moraux et chrétiens.

Reconnaissance et merci à l'éloquente parole du P. Hyacinthe! Il aime l'Eglise, mais il aime aussi la société, et un des secrets de ses triomphes oratoires, c'est de consacrer toutes les énergies de son cœur généreux à les unir dans une mutuelle affection.

Dans son discours sur la pauvreté, l'orateur chrétien partagea la misère en misère vincible et misère invincible. Il nous dit quels efforts nous devions faire pour détruire la première, ce qui le conduisit à saluer les institutions et toutes les mesures prises .pour l'extinction de la mendicité et pour le soulagement des classes pauvres. Quant à la misère invincible, il y a, dit le P. Hyacinthe, des causes fatales de misère, les maladies, les infirmités, la vieillesse ; et que faire, en présence de cette bête fauve s'attachant au flanc de la société ? Et alors et venue la peinture navrante des réduits obscurs hantés par la misère : un foyer sans flammes, un vieillard grelottant de froid, une jeune mère sans lait, n'ayant que des larmes à donner à son enfant ! Comme tout l'auditoire fut ému, surtout lorsque l'ouvrier, à bout de force et de courage, sous les griffes de la misère, poussa ce cri de détresse : Eh bien ! dévore-moi ce soir ! Le P. Hyacinthe a fait approcher l'Eglise pour consoler le malheureux et lui apprendre à souffrir.

Il y a des âmes chargées de compléter les souffrances de Jésus-Christ. Parmi ces âmes se trouvent les pauvres. Jésus-Christ n'a pas versé toutes les larmes ni enduré toutes les douleurs. C'est à ses disciples à réaliser les paroles de saint Paul : *Adimpleo quæ desunt, etc.* ; quand on ne peut pas détruire la pauvreté, il faut la faire aimer.

Si nous avions à parler longuement du

sermon sur la mort, nous aurions à signaler les beaux passages sur les plaintes de Job et ses chants d'espérance ; il nous faudrait dire le récit émouvant de la résurrection de Lazare, et assister à la scène lugubre où le moribond repasse les années, les voies de sa jeunesse semées de honte et d'ignominie. Quand le **P.** Hyacinthe a considéré la mort dans les séparations du cœur, il a eu le triomphe que réclamait autrefois un grand orateur chrétien : *Non plausus sed luctus.* Les larmes, ces applaudissements du cœur, proclamaient hautement la puissante éloquence du fils de sainte Thérèse. Fuyez, disait le mourant, mes chants, mes sources jaillissantes ; soyez muets, petits oiseaux, je ne vous entendrai plus ; et vous fleurs des ruisseaux, desséchez-vous, je ne puis désormais m'enivrer de vos doux parfums.... Oh! cruelle vision qui se penche vers moi ; des regards qui fixent mon regard, des fronts qui se mêlent aux sueurs glacées de mon front, des mains qui voudraient me retenir... Oh! laissez-moi, vos larmes m'inondent de regrets, vos baisers me brûlent, vous me brisez le cœur !

Indiquer la comparaison du réprouvé s'élançant inutilement vers le beau et le vrai qui est Dieu, avec la malheureuse victime que la science soumet par degrés à la

3

privation de l'air, suffit pour rappeler la couleur et la vie que le Père prodigue dans ses peintures. Et signaler le dernier testament de l'âme du moribond, respecté par Dieu jusque dans la mort, c'est faire connaître sur l'enfer un des arguments les plus puissants sur l'esprit des hommes les moins religieux. Dieu nous traite avec le plus grand respect, et le dernier acte de la vie a un contre-coup jusque dans l'éternité, où il devient un germe d'éternelle gloire ou d'éternelle douleur.

Je ne puis parler de l'admirable discours sur la confession sans dire avec quelle éloquence, pleine de charmes mystérieux, l'orateur chrétien nous a raconté la honteuse génération du crime dans les ombres de la nuit. Le péché, dit-il, est fils de la nuit, il ressemble à la nuit, il aime la nuit, la nuit le cache et l'inspire. Comme l'auditoire était subjugué lorsque le P. Hyacinthe, jetant un regard sur le monde païen enveloppé de ténèbres, a fait briller tout-à-coup l'Eglise comme un phare, et retentir la grande voix du pontife romain et des évêques de l'univers, pour séparer la lumière des ténèbres. Et le prêtre nous a été montré comme une lampe éclairant les obscurités de la conscience. Quels raisonnements victorieux en faveur de la confession dans le notaire et le médecin, considérés comme deux sacerdoces mêlés à nos affaires, deux magistrats disposant de notre vie, possédant tous les secrets de l'or et du sang, tous les secrets de la conscience et de la famille !

Pourquoi ne voulez-vous pas que le prêtre pénètre dans le sanctuaire de la conscience, lui dont les mains sont consacrées, non plus dans l'honneur, mais dans le baume et dans l'onction sainte ? Au-dessus de l'honneur, disait le jeune religieux du Carmel, nous avons le secret inviolable qui enchaîne nos lèvres, et le secours de la grâce qui répond de notre fragilité. Demandez à toutes les zônes catholiques si elles ont connu les violateurs du secret de la confession. L'histoire n'a pas le nom d'un traître à prononcer, et elle nous conserve le nom du martyr saint Jean Népomucène.

II.

La délicatesse et la prudence ont protégé de leur voile pudique le sermon sur la chasteté. Pour faire mieux ressortir les grandeurs de cette admirable vertu, il a fallu peindre le vice contraire dans toute sa laideur repoussante, et le P. Hyacinthe tient en réserve un trésor des expressions les plus heureuses, les plus techniques pour chacun de ses sujets ; il a des couleurs pour tous les genres de tableau, des notes et des tons pour chaque espèce d'harmonie. L'impudique n'est point beau, dit-il; voyez son front sans pensée comme sans pudeur, voyez sa bouche, soupirail mystérieux de la tombe, et ses lèvres... ah! grand Dieu! trois épanouissements devaient fleurir dans leurs plis : la parole, le sourire et le chaste baiser; vous savez bien ce que sont devenues les lèvres de l'impudique. Non, ce vice n'est pas beau, c'est la nuit apparaissant au grand jour de la physionomie humaine. Quelle hideuse apparition dans le corps de l'homme dévoré par le libertinage! Ces cadavres qui marchent, dit l'orateur, feraient peur aux cadavres des tombeaux, et quand les vers du sépulcre, venant à la curée, verront ces lambeaux de chair à demi-consumés, ils laisseront cette pâture à des vers plus affamés et moins superbes !

Les effets terribles de ce vice dégradant sur l'intelligence et sur le cœur ont dignement couronné le discours en provoquant des anathèmes contre tous ses complices.

En terminant l'exorde de son discours sur la Sainte-Vierge, je sens, dit le Père, la difficulté de mon sujet; aussi je me tourne de nouveau vers la main du Pontife qui vient de me bénir; je me tourne également vers cet autre Pontife (Mgr Baudry) endormi dans la tombe, et dont la dévotion éclairée et pure envers la Sainte-Vierge était le caractère de sa doctrine ; et sous les bénédictions de la vie et de la mort, disons les uns pour les autres un *Ave Maria*.

Il est difficile de choisir dans ce beau discours les passages les plus remarquables, on est exposé à être injuste envers ceux qu'on ne signale pas. Cependant, comme il faut se borner, nous aimons à reporter notre souvenirs vers ces scènes pleines de grâce et de fraîcheur où l'enfant, placé sous l'autel du cœur de sa mère, reçoit les secrètes influences de l'amour maternel. Si la mémoire infidèle n'a pu garder les phrases toutes parfumées de la poésie du cœur pour représenter l'enfant s'enivrant aux ondées bienfaisantes d'un lait plein de vie, ou cueillant sur les lèvres de sa mère des baisers brûlants de l'amour le plus tendre, c'est que l'admiration paralyse souvent les calculs de la mémoire.

Tout le monde a applaudi à l'heureux choix du texte, nous représentant Marie comme une porte d'Orient, porte d'aurore ayant ses battants d'ivoire fermés, fière, immobile sur ses gonds de cristal, et s'ouvrant librement pour laisser passer le roi de gloire. Le texte, *et erat subditus*, nous a montré la Vierge Marie disant à Jésus-Christ dans le ciel : *tu es mon fils !* et Jésus-Christ répondant à la Vierge : *tu es ma mère!* Le respect dû à la femme nous a été donné comme conclusion de cet admirable discours. Dieu, a dit gracieusement le P. Hyacinthe, n'envoie plus ses anges sur la terre depuis qu'il a envoyé la femme chrétienne. Et cet ange d'icibas est une mère, une sœur ou une épouse. Ayez donc pour la femme un culte chevaleresque et chrétien !

La solennité du Jeudi-Saint semblait réclamer un sermon sur le mystère de l'Eucharistie, et le P. Hyacinthe fit droit à l'esprit de l'Eglise en nous montrant comment l'Eucharistie est un festin de réconciliation entre les hommes et Dieu, et un festin qui réconcilie les hommes entre eux. La question du festin, considéré comme instrument de réconciliation, servit de base à tout le discours et amena le Père à nous donner une preuve frappante de la transubstantiation, dans la transformation que le pain et le vin subissent en devenant les aliments de notre vie sans être détruits. Ce froment, ce flot de la vigne, disait le P. Hyacinthe, sont ivres d'une vie qu'ils n'ont pas prise dans les champs ni sous le pressoir, et ce pain et ce vin, radieux et transubstantiés, vont bouillonner au cœur, s'élancer en jets puissants au cerveau pour servir la pensée.

L'Eucharistie est le dernier mot de l'amour

véritable, c'est le banquet qui unit les hommes à Dieu, divisés par le banquet homicide de l'Eden.

En parlant de la réconciliation que l'Eucharistie établit entre les hommes ennemis, le prédicateur chrétien a vivement condamné la piété mal entendue qui se révolte à la vue des pécheurs, et ne peut supporter la fréquentation des esprits égarés. Jésus-Christ, fuyant la table des pharisiens et prenant place à celle des pécheurs, indique assez la conduite à tenir.

La défaillance et les triomphes de la justice au jardin de Gethsémani, sa condamnation par les tribunaux du sacerdoce de l'empire et du monde, et son martyre sur les sommets du Calvaire, tel fut le plan à grandes lignes du discours sur la passion de Jésus-Christ. Et comme je suis obligé de me restreindre, je ne puis pas parler des luttes et des épreuves de Jésus-Christ dans la grotte de Gethsémani ; qu'il me suffise de signaler la scène si bien racontée de la trahison de Judas par le baiser de l'amitié.

Il est facile de deviner quels beaux mouvements d'éloquence animèrent le discours du P. Hyacinthe, quand il nous montra Jésus-Christ dépouillé de sa divinité par le tribunal du sacerdoce, de sa royauté par le tribunal de l'empire, et traité comme un imposteur et un fou par le tribunal du monde que présidait Hérode.

Le triple reniement de Pierre à la voix d'une servante, la scène des valets dans la cour du prétoire, la flagellation, l'*Ecce homo*, et enfin le tragique dénouement du calvaire, dont les sombres peintures furent tempérées par la figure si douce et si saintement attristée de la Vierge Marie, tels ont été les passages les plus émouvants de cet éloquent discours.

Mgr Dabert a clos la cérémonie par quelques paroles auxquelles tout le monde a fait le plus bienveillant accueil. Voici à peu près quelques-unes de ses pensées et même de ses expressions : Sous le charme de la grande parole que vous venez d'entendre, vous êtes, mes frères, touchés comme moi des souffrances de Jésus-Christ, décrites avec tant de foi et tant d'ardeur; aussi vous répondrez, j'en suis sûr, à l'appel de l'évêque, qui vous convie au banquet de la communion pascale, où vous puiserez le gage assuré du véritable bonheur.

Les tristesses de ce jour ne me permettent pas de vous bénir de la voix ni de la main; je prends cette bénédiction dans le cœur de Jésus et de Marie, pour que cette station soit féconde en fruits de justice et de salut.

Loin de nous l'ambition d'avoir tout dit

sur le carême que vient de prêcher si éloquemment le R. P. Hyacinthe. Heureux
serions-nous d'avoir excité des regrets parmi
ceux qui ne l'ont pas entendu, et d'avoir offert comme un *memento* à ceux qui ont eu
le bonheur de le suivre. Peut-être ce que
nous avons dit rappellera ce que nous avons
passé sous silence, et ainsi longtemps encore
nous aurons comme de lointains échos de
cette puissante parole.

Les triomphes du P. Hyacinthe se sont
faits sans bruit et sans éclat. La presse, dans
une réserve craintive, n'osait toucher à ce
talent supérieur, et ce n'est qu'avec une
certaine timidité que nous nous sommes
permis de hasarder quelques réflexions sur
l'œuvre merveilleuse des prédications de
cette station quadragésimale.

Quand j'ai voulu me rendre compte des
prodigieux succès du P. Hyacinthe dans la
chaire catholique, j'ai trouvé les deux secrets des triomphes pacifiques de sa riche
parole, dans ces deux adages latins : *pectus
est quod disertos facit*, et *non nova sed nove*.

Le Père possède en lui la divinité que
Mirabeau refusait à Barnave : il a le *pectus*
des grands orateurs, nourri, fécondé par les
sources de la plus haute théologie et d'une philosophie tout à la fois profondément chrétienne et sociale ; il aime son siècle et les

hommes de son temps, pour être leur admirateur dans les merveilles de leur génie et pour les éclairer et leur tendre une main amie quand ils les voit s'égarer dans les sentiers de l'erreur.

Sa parole porte un cachet de noble indépendance, qui plaît à notre époque et qui ne franchit jamais les frontières d'une sage prudence et d'une respectueuse modération, quoique cependant l'amour de la vérité et de la liberté lui mette parfois aux lèvres des paroles chrétiennement ironiques et les accents de l'énergie pour reprendre et blâmer quand il le croit nécessaire.

Plusieurs, peut-être, en le voyant apparaître dans la chaire catholique environné de toutes les splendeurs d'un style qui enchante dans ses mâles et robustes peintures comme dans ses plus douces harmonies, en le voyant dans son vol d'aigle fréquenter les sommets les plus élevés et les plus escarpés de la pensée humaine, plusieurs, dis-je, seraient peut-être tentés de lui demander de quels rivages il vient parmi nous. Du pays de la tradition, répondrait le P. Hyacinthe; je viens de loin, des rives de l'Orient. Je connais saint Chrysostôme, saint Augustin, Tertullien, saint Thomas. Seulement, pour me faire accepter dans votre société, j'ai jeté sur mes épaules antiques le manteau de votre belle littérature, avec toutes ses fleurs et tous ses parfums, et vous pouvez lire sur mon drapeau : *non nova sed nove.*

Je n'apporte point, disait un soir l'éminent religieux, une doctrine nouvelle ni moderne, j'apporte la doctrine des apôtres de l'Eglise et des Pères.

Le jour de Pâques, malgré ses joies et ses triomphes, devait emprunter quelque chose à la tristesse, puisqu'il nous réservait les derniers accents d'une voix et d'un cœur, que nous serons longtemps glorieux et fiers d'avoir possédés.

Le P. Hyacinthe, sans vouloir faire un grand sermon, fut cependant bien remarquable en nous exposant les consolations de Jésus-Christ dans le mystère de la Résurrection. La piété la plus solide et la plus touchante, le mysticisme le plus élevé, les élans chaleureux d'un noble cœur qui ne bat que pour la vérité et n'est point insensible aux sympathies qu'il reçoit, tel a été ce semble le caractère du discours de Pâques, terminé dans la délicatesse des plus nobles sentiments, dans les adieux les plus gracieux et les plus flatteurs, et dans les épanchements toujours pénibles de la séparation.

Aimer, disait le père, c'est mettre sa félicité dans la félicité d'autrui. Aussi Jésus-

Christ mit toutes ses consolations à consoler Pierre, Madeleine et Marie sa mère. Fidèle au nombre trois, le P. Hyacinthe ne parla point des autres apparitions de Jésus-Christ. Impossible de ne pas être frappé par l'éloquence de l'orateur chrétien, quand Marie nous a été montrée engendrant de nouveau son fils au sein de la tombe.

Le Père Éternel disait dans les cieux : Je t'engendre, ô mon fils ! Et Marie, dans la génération virginale du sépulcre neuf, disait également : Et toi aussi, tu es mon fils, je te sens naître à la vie, je t'engendre non plus pour le Golgotha, mais pour la gloire éternelle !

C'est là qu'il faut finir, a dit le P. Hyacinthe, et je serais un ingrat si je ne ressentais pas la blessure de cette séparation. Et n'oubliant personne dans son cœur ni sur ses lèvres, il a eu des remercîments particuliers pour ses auditeurs, pour le presbytère, heureux de lui avoir donné une bien sympathique hospitalité ; pour le chapitre et pour le clergé. J'ai, dit le Père, beaucoup à regretter et beaucoup à remercier.

Mais avant de finir, j'ai besoin de faire taire mon cœur pour dire un mot de raison.

Je tiens essentiellement à n'être pour personne un sujet de scandale dans mes prédications ; aussi je crois utile de donner un mot d'éclaircissement pour ceux qui me reprocheraient d'être libéral.

Ce mot de libéralisme est pris dans des sens divers. Si par libéralisme on entend la liberté de détruire ou simplement d'amoindrir le principe d'autorité dans l'Eglise et dans l'Etat, la faculté d'accorder une part égale au mensonge et à la vérité, je n'ai pas besoin de dire qu'à ce compte je ne suis pas libéral.

Mais si par libéralisme on entend le respect pour la liberté et pour l'autorité, ces deux colonnes du monde; si on entend dans un dévouement sans bornes à l'Eglise un dévouement non moins généreux au bien de la société, la réprobation absolue de l'erreur et le respect de la personne qui faillit; si c'est cela qu'on appelle être libéral, je le suis et je le serai toujours jusque dans le fond de mes entrailles et dans la moelle de mes os.

Je sais que le souverain-pontife est infaillible toutes les fois qu'il enseigne l'Eglise; je sais que mon docteur infaillible a marqué des limites que le libéralisme ne doit pas franchir; et je désire et j'attends qu'il marque d'une manière plus précise les bornes du vrai et du faux. Si quelques-uns d'entre nous sont allé trop loin, ils ne demandent qu'à être enseignés. J'aime donc à répéter les paroles que Lacordaire prononçait devant les jeunes gens de Paris, venus pour le féliciter de sa nomination à l'Académie : Je veux vivre et mourir en catholique pénitent et en libéral impénitent.

Et puis, se tournant vers les coupoles de Saint-Front, il leur a souhaité les jours de splendeur complète que tout le monde désire impatiemment. Et ce cher tombeau qui m'a tant consolé, ah! laissez-moi vous dire que si Rome n'appartient pas aux Romains mais à tous les catholiques, laissez-moi vous dire aussi, dans l'excès de la forme, que ce tombeau appartient sans doute à l'Eglise de Périgueux, mais qu'il appartient également à tous les prêtres, à tous les disciples, à tous les amis de Mgr Baudry. Quand je vois ruisseler les flots du printemps sur cette tombe, je me plais à croire qu'un jour, en face du tombeau de Mgr Georges, s'élèvera celui non moins digne de son digne successeur !

Quant à vous, Monseigneur, je n'ai pas besoin de vous dire que j'emporte le meilleur souvenir de mon apostolat dans votre ville épiscopale. Je n'oublierai jamais votre bienveillant accueil et vos encouragements. Je savais votre origine, je connaissais votre berceau sacerdotal, St-Sulpice, où je n'ai fait que passer et où vous avez été un maître savant et écouté. Je n'ai pas besoin de faire l'éloge de St-Sulpice, synonime de science dans la piété, de valeur dans la modestie et de fermeté dans la modération. Je savais que parmi vos amis vous comptiez l'illustre archevêque de Tours, dont le nom sera glorieux dans l'épiscopat, lui qui d'une main énergique a signalé les écarts de la presse catholique, et de la même main, non moins énergique, a tracé les droits de l'Eglise et les devoirs des catholiques au sujet du pouvoir temporel.

Je salue donc le rayon avant-coureur de votre glorieux épiscopat, et permettez-moi de me prosterner aux pieds de votre Grandeur pour lui demander plus abondamment la bénédiction sur les germes de ma parole et sur la plaie qui saigne à mon cœur en descendant de cette chaire pour la dernière fois.

A peine les derniers accents du cœur ému du P. Hyacinthe venaient de retentir dans toutes les âmes de ses auditeurs, toujours sympathiques et ravis, que la voix de l'évêque est venue consacrer et bénir de son autorité la grande parole que nous venions d'entendre. Nous ne donnons point la reproduction intégrale de ce qu'a dit Sa Grandeur, cependant, sans être complet, nous croyons être fidèle quant au fond, et le plus souvent quant à l'expression elle-même.

Mon Père, c'est un besoin pressant de mon

cœur de vous dire, au nom de votre auditoire, si nombreux autour de votre chaire aimée, l'expression faible mais profonde de ma reconnaissance... Il n'y a d'ombrage pour personne dans votre grande et belle doctrine. J'ai vu dans la limpidité et dans la sincérité de vos paroles la hauteur et l'étendue de vos pensées, et je suis heureux d'avoir à vous offrir ma part de félicitations... Tous les catholiques et les ecclésiastiques éclairés pensent comme vous.

Vous avez bien voulu rappeler à la mémoire de mes chers diocésains, pleins d'admiration comme moi, le souvenir de mes deux prédécesseurs, Mgr Georges, un apôtre qui a sacrifié une vie toute entière à tracer des sillons si profonds dans ce vaste diocèse, et la mémoire douce et tendre de mon prédécesseur immédiat, qui a passé peu de temps dans ces contrées, et dont les pensées saintes et fécondes, les désirs et les souhaits lui ont mérité les paroles de l'Ecriture : *Consummatus in brevi explevit tempora multa.*

Je ne laisserai à personne le soin de ces deux mémoires vénérées..... Vous nous avez dit qu'en terminant vous nous quittiez dans les fatigues de la pensée. Nous ne l'avons point vu dans l'admirable discours que nous venons d'entendre.

Il est impossible à une intelligence de sillonner si profondément le champ de la pensée, sans que la sueur inonde son front... Pendant cette brillante station, vous nous avez fait entrevoir les saintes harmonies qui existent entre les mystères de la raison et les mystères de la foi ; et parmi vos auditeurs, pas une raison qui ne se soit inclinée sous votre parole élégante et profonde. Nous avons connu, aux lumières descendues de cette chaire, l'accord de la raison et de la foi, ces deux sœurs, ces deux lumières échappées du même foyer divin pour se confondre dans le même centre...

C'est pour moi un profond regret de voir cette chaire désormais muette et privée de votre parole, qui charmait tous les cœurs... Dans le banquet délicieux auquel vous nous avez conviés trois fois par semaine durant la sainte quarantaine, vous avez déposé dans nos âmes des germes féconds et lumineux qui lèveront sous l'ardeur de la prière et de la bénédiction de Dieu...

... Vous êtes apôtre de la lumière. De nos jours, la tentation est pour l'intelligence, et l'Eglise a des lumières pour effacer les ténèbres amassées au front de l'intelligence humaine ; ce sont Frayssinous, le P. de Ravignan, le P. Lacordaire ; nous avons aujourd'hui le P. Félix. Voilà les apôtres précurseurs de la lumière!

Je suis heureux de le dire avec tous ceux qui vous ont entendu, vous appartenez à cette phalange à qui Dieu a confié la mission d'illuminer les âmes et de préparer aux âmes les voies du Seigneur.

Allez donc évangéliser la capitale; les grandes chaires se dressent pour vous recevoir, et votre parole écoutée, bénie, admirée dans la ville de Bordeaux et dans celle de Périgueux, ira grandissant au milieu de nouveaux triomphes.

Je vais bénir votre auditoire, je vais bénir votre voix, votre parole, afin qu'après avoir produit des fruits de grâce, de lumière et de salut dans le temps, elle produise aussi dans votre âme des fruits glorieux et immortels.

Telles ont été les dernières émotions de ce grand jour de Pâques. Rien n'est triste et ne serre le cœur comme un départ, des adieux, une séparation, et tout le monde peut avoir la mesure des profonds regrets qui accompagnent notre éloquent prédicateur par le sympathique enthousiasme qu'il excitait parmi nous.   J. Emile DE VERDENEY.

Erratum. — Le P. Hyacinthe est natif d'Orléans. Son père était recteur d'académie dans les Basses-Pyrénées.

Périgueux. — Impr. Aug. BOUCHARIE, rue Aubergerie, 17.

www.ingramcontent.com/pod-product-compliance
Lightning Source LLC
Chambersburg PA
CBHW061117050726
47594CB00005B/1978